A propos de l'auteur

Laurent ROCHETTA est né en 1976 à Montpellier, Consultant Fintech, responsable de l'innovation et chef de projet en Europe.

Ses intérêts vont de la technologie à l'entrepreneuriat. Il s'intéresse également à l'innovation, la sécurité et les fintechs.

Grand lecteur et passionné il dévore des pans entiers de la culture, des manuels et techniques de management et de développement personnel.

Son esprit de « white hackeur » le conduise à expérimenter et confronter ses lectures à la réalité.

Dans ce petit livret il vous offre ses meilleurs secrets : 15 astuces pour tenir ses résolutions.

Contenu

A propos de l'auteur 1
Avant-propos 5
Pourquoi les résolutions réalistes et raisonnables sont à privilégier 7
Définir des objectifs pour vos résolutions du nouvel an 13
Plan d'action pour vous aider à rester fidèle à votre résolution 21
Respecter votre résolution 31
Pour conclure 37

Tenir ses résolutions

Avant-propos

Tous les ans, les gens prennent d'ambitieuses résolutions du Nouvel An qui, invariablement, ne sont pas respectées. La raison principale de ces abandons de résolutions (bien souvent dès la fin janvier !), est le caractère trop strict ou extrême de ces résolutions. Viser un objectif trop élevé résultera probablement en un échec. Il existe pourtant de nombreuses manières simples et efficaces de prendre des résolutions suffisamment réalistes pour être atteignables sans trop de difficultés. Le but de ce rapport est de vous aider à atteindre vos buts, et de faire de vos résolutions de vraies réussites gratifiantes.

Comment prendre des résolutions réalistes et les respecter !

Tenir ses résolutions

Pourquoi les résolutions réalistes et raisonnables sont à privilégier

Autour des vacances et spécialement au cours du nouvel an, bien des personnes annoncent haut et fort les résolutions qu'elles envisagent de respecter. Mais malheureusement...à chaque fois c'est le même problème ces initiatives rencontrent un succès pour le moins mitigé !

Nous avons tous nos propres lubies à propos d'objectifs radicaux et irréalistes : perdre dix kilos en six semaines, rembourser toutes nos dettes avant le printemps, ne plus jamais manger de chocolat, arrêter de fumer en trois semaines... tout ce que vous voulez.

Cette fois-ci, essayez de définir des objectifs réalistes et raisonnables. Recherchez des idées de résolutions simples à gérer et à respecter. À la fin de l'année, non seulement aurez-vous *atteint un ou deux objectifs, mais vous ne serez plus au même endroit qu'au début de l'année : à la case départ !*

Prendre des résolutions raisonnables

Définissez des objectifs raisonnables et ils seront plus simples à respecter. Par exemple, lavez-vous votre linge ? Vous brossez-vous les dents trois fois par jour ? Lavez-vous la vaisselle ? Utilisez plutôt de l'eau froide. C'est un des changements les plus simples et les plus efficaces à introduire au sein du foyer et dans votre résolution. Chauffer de l'eau réclame beaucoup d'énergie. Réduire la quantité utilisée signifie de grosses économies, non seulement sur votre facture, mais également dans les émissions de dioxyde de carbone. Vous économiserez pour votre portefeuille et pour la planète.

Vous venez de voir un exemple réaliste de résolution simple.

Au lieu de faire une liste interminable de promesses intenables, essayez de n'en choisir que quelques-unes. Si votre résolution consiste à améliorer votre santé, essayez de n'introduire qu'une seule habitude saine. Concentrez-vous dessus et entraînez-vous jusqu'à ce qu'elle devienne une habitude régulière.

Par exemple, dites-vous que vous allez boire de 5 à 8 verres d'eau par jour, monter 50 marches et manger au moins 3 portions de fruits et légumes. Ainsi, vous pourrez canaliser vos efforts sur une seule tâche et vous ne vous sentirez pas écrasé.

Dédiez au moins une soirée par mois à vous récompenser. Nous pouvons tous tirer parti d'une bonne friandise de temps à autres. Vous faire plaisir avec quelque chose que vous aimez est à la fois extrêmement satisfaisant et relaxant. Offrez-vous un soin du visage, prenez un long bain avec des bulles et de la musique relaxante, selon ce que vous aimez. Mais soyez sûr de mettre du temps de côté pour faire les choses qui vous détendent le plus. Vous sentirez que vous avez rechargé vos batteries comme si vous aviez rajeuni !

Nous pouvons également nous offrir plus de temps avec ceux que nous aimons. Sauver certains moments de la semaine pour les amis et les êtres aimés doit devenir une priorité. Établissez une soirée de la semaine dédiée à jouer à des jeux de société avec vos enfants.

Organisez des activités sociales que tout le monde aime avec vos amis : sortir au restaurant, cuisiner un repas tous ensemble, regarder un film ou aller faire un jogging. S'engager à consacrer du temps pour la famille leur montre que vous les appréciez.

N'oubliez pas, lorsque vous prenez des résolutions, que l'objectif devrait être de les rendre mesurables, réalisables et réalistes. Donc allez-y, définissez, planifiez, agissez et restez opiniâtre cette année. Vous pouvez le faire !

Tenir ses résolutions

Définir des objectifs pour vos résolutions du nouvel an

Les résolutions du nouvel an les plus courantes sont souvent liées à prendre des habitudes plus saines et ne changent pas énormément d'année en année. Pourtant, la majorité des gens abandonnent leur résolution dans les semaines qui suivent, même s'ils souhaitent réellement s'améliorer. Pourquoi cet échec quasi systématique ?

Définir des objectifs

Lorsqu'il est question de résolutions du nouvel an, le problème inhérent réside dans le nom. Une résolution signifie se résoudre à faire quelque chose. C'est une promesse faite à soi-même. Malheureusement, elle n'inclut aucun plan ni objectif pour que le changement survienne. Une résolution ne se tient pas si vous ne préparez rien pour la réussir. Une résolution ne tient pas si vous restez passif devant elle. Une résolution ne tient pas si vous ne transformez pas votre décision en actions tangibles.

Pour réussir, choisissez quelques objectifs et <u>faites des plans</u> pour les atteindre.

Pour bien contrôler les moyens d'atteindre un objectif, comme tenir une résolution, <u>mettez le résultat souhaité par écrit</u> puis envisagez quelles étapes pourraient aider à l'atteindre. Découvrez si l'argent, des fournitures ou des outils sont nécessaires. Gardez à l'esprit qu'une action particulière et peut-être inattendue peut être nécessaire pour accomplir la résolution. Pour le savoir, il faut y réfléchir à l'avance.

Pensez à combien de temps peut être alloué chaque jour ou chaque semaine afin de travailler sur cet objectif et ce qui, raisonnablement, peut être réalisé dans ce laps de temps. Chaque objet ou outils nécessaire peut faire partie d'un autre objectif plus grand. Vous pouvez aussi déjà posséder cet outil, l'important est de l'utiliser d'une nouvelle manière pour faciliter l'accomplissement de votre résolution.

Pour atteindre votre résolution, il est recommandé de définir des étapes aussi simples et agréables que possible. En effet, si les étapes à travers lesquelles vous devez passer sont toutes rébarbatives, vous aurez du mal à atteindre votre but. S'il s'agit d'améliorer votre bien-être, établissez une durée quotidienne ou hebdomadaire d'entraînement physique et, sur un calendrier, indiquez les dates où vous pourrez effectivement consacrer du temps à cet entraînement.

S'il s'agit de mieux manger, écrivez une liste de courses et faites le stock des aliments nécessaires, puis trouvez des recettes saines et placez-les dans un endroit pratique. Conservez ensemble et accessibles les fournitures ou les outils qui sont nécessaires. Programmez le maximum de choses à l'avance pour simplifier le bon déroulement du processus et instaurer une bonne prise d'habitudes, sans contraintes inutiles.

Pour continuer dans ce sens, trouvez des moyens pour être et rester motivé. Pour l'activité physique, trouvez un compagnon ou planifiez une récompense (comme voir un film) pour chaque objectif hebdomadaire atteint. Créez et imprimez un tableau ou une liste à cocher pour suivre les progrès à la trace. Le tableau aide à bâtir une certaine notion de responsabilité : vous voyez les engagements pris et les progrès que vous faites, ou non.

Écrivez ou imprimez des devises de motivation : dictons de sagesse, mots d'encouragement etc… ("je m'améliore chaque jour davantage", "je progresse quotidiennement vers l'objectif à atteindre", "je consacre aujourd'hui comme tous les jours 15 minutes à mon objectif"). Placez-les en évidence, lisez-les tous les matins au réveil.

Demandez à quelqu'un d'être un stimulateur. Passez-lui l'objectif et demandez à cette personne de vous envoyer des notes d'encouragement et d'avancement par courriel. Ceci rend la chose plus sociale et vous fournit une motivation extérieure. Vous pouvez lui transmettre votre liste d'étapes et poster les bénéfices tirés de l'objectif. Ceci permet de rester focalisé sur les résultats et les raisons qui vous poussent à atteindre votre but.

Après quelques semaines et de manière régulière, il est recommandé d'évaluer les progrès effectués. Décidez si les objectifs doivent être modifiés avec des standards plus élevés ou plus bas pour correspondre à la réalité. Marquez le calendrier pour définir un jour, chaque mois, pour faire le point sur les progrès. Ceci peut permettre de rester motivé ou même aider à repartir si l'objectif a été abandonné pendant quelques semaines.

Rêvez grand, mais découpez le rêve en objectifs réalistes, avancez un pas après l'autre. Engagez-vous à poursuivre le but global et les plans mis par écrits, ou faites-les de nouveau pour qu'ils soient plus faciles à atteindre.

Tenir ses résolutions

Tenir ses résolutions

Plan d'action pour vous aider à rester fidèle à votre résolution

Les statistiques montrent que seules 15% des résolutions du nouvel an sont respectées. Il n'est pas étonnant que le nombre de résolutions passées baisse. Une stratégie qui échoue près des quatre cinquièmes du temps est visiblement mauvaise ! La question est : comment faire pour la réparer ?

15 techniques différentes

La plupart des résolutions prennent la forme de modification d'habitudes ou de prise d'habitudes nouvelles. Arrêter de fumer, aller à la gym et rester organisé sont des résolutions basées sur des habitudes routinières. Personnellement, j'ai passé les dernières années à changer mes habitudes. À m'entraîner pour devenir organisé, manger sainement, me lever tôt, travailler de manière productive et efficace pour avoir plus de temps libre.

Je crois que la majorité des résolutions du nouvel an échouent parce que les gens les approchent de la mauvaise manière. Plutôt que développer une stratégie pour modifier les habitudes, la plupart des gens essaient de se reposer sur leur volonté. Même si la volonté et la motivation peuvent vous pousser pendant les premières semaines, cela ne peut pas durer pour toujours. Il n'existe pas de formule magique, mais après avoir changé des douzaines de mes habitudes au cours des dernières années, je peux offrir quelques suggestions :

1. Créez un déclencheur. Un déclencheur est un rituel particulier que vous réalisez dès que vous recevez un signal spécial. Le rituel vous dirige vers la réalisation de l'habitude, au lieu de glisser vers les vieux vices. Claquez des doigts lorsque vous ressentez le besoin de fumer ; sautez du lit lorsque vous entendez l'alarme ; répétez "Je le fais maintenant !" sont des déclencheurs conçus pour rompre votre habitude. Pratiquez vos déclencheurs et tout deviendra automatique, neutralisant vos comportements par défaut.

2. Remplacez les besoins perdus. Beaucoup d'habitudes remplissent un but ou un autre, même si les effets secondaires sont néfastes. Vous pourriez regarder la télévision pour vous détendre, même si vous feriez volontiers quelque chose d'autre de plus utile. Vous pourriez manger de la malbouffe pour vous sentir repus, même si ça n'est pas sain. Faites attention à ce que vous abandonnez avec votre changement d'habitude et faites un effort pour remplacer ces besoins perdus.

3. Mettez-le par écrit. Un engagement pris mentalement n'est pas un engagement suffisamment fiable. Utilisez un carnet dans lequel vous stockez vos engagements de changement d'habitude. Non seulement l'écriture renforce une promesse faite à vous-même, mais elle clarifiera votre pensée au niveau de ce que vous souhaitez exactement changer.

4. Engagez-vous pour un mois. Restez fidèle à votre changement au minimum pendant trente jours. Moins que cela et vous retomberez certainement dans vos vieilles habitudes. Trois à quatre semaines est ce qui est nécessaire pour mettre une nouvelle habitude en place.

5. Tenez un journal. Ouvrez un document sur l'ordinateur et engagez-vous à écrire une ou deux phrases par jour au sujet de vos progrès. J'ai trouvé cette méthode utile pour me rappeler mon engagement et pour m'aider à me concentrer sur le changement que je voulais réaliser. Vous pouvez aussi utiliser le carnet que j'ai évoqué au point 3. Une bonne méthode consiste à écrire un petit mot le matin et un autre le soir. Le matin vous écrivez ce que vous souhaitez faire la journée pour entretenir votre nouvelle habitude et le soir vous indiquez ce que vous avez effectivement fait.

6. Augmentez la réaction positive. Si vous récompensez votre comportement, il sera plus facile à transformer en habitude constructive. Punissez un comportement et il s'amenuisera. Ce mécanisme d'action/réaction est commun à tous les animaux possédant un système nerveux, depuis les limaces de mer jusqu'aux êtres humains. Si vos nouvelles habitudes font que vous vous sentez moins bien qu'avec vos anciennes habitudes, elles ne peuvent pas durer.

7. Plaisir stratégique. Une manière de créer une réaction plus positive est de structurer votre habitude pour qu'elle devienne plus amusante.

Si vous détestez cela, aller à la salle de gym n'est pas l'unique manière de faire de l'exercice. Manger du tofu n'est pas la seule option de repas pour les végétariens. Cherchez des manières de rendre votre nouvelle habitude plus plaisante.

8. Pensez années, pas mois. Un régime qui consiste à ne consommer que du pamplemousse et de l'eau ne fournira pas les besoins nutritionnels nécessaires pour durer toute votre vie. Travaillez à créer des changements de votre régime alimentaire, de votre travail, de votre exercice ou de vos routines qui peuvent être maintenus pendant des années. Les régimes d'amaigrissement intensif et les journées de travail de 18 heures finiront par céder. Visez toujours le long-terme et les bénéfices que vous en tirerez plutôt que les légers désagréments et petits sacrifices que vous impose votre nouvelle habitude à court terme. Gardez à l'esprit l'objectif final et visualisez régulièrement l'état auquel vous voulez arriver.

9. Si vous trébuchez, recommencez. Je considère qu'un changement d'habitude est terminé lorsque je peux le faire pendant trente jours consécutifs. Si vous trébuchez et arrêtez le 3e, 15e ou 27e jour, recommencez pour trente jours. Ceci vous permet de ne pas tricher sur le nombre de jours avec l'excuse que vous récupérerez cette journée après coup.

10. Le comportement d'abord, les résultats ensuite. Ne laissez pas la vue de votre balance ou de votre compte bancaire vous décourager lorsque vous essayez de modifier une habitude. Le changement correct du comportement doit venir avant qu'un résultat commence à apparaître. Trop se concentrer sur perdre du poids, travailler moins ou devenir riche troublera vos essais de former de bonnes habitudes. Les petites habitudes quotidiennes font les gros résultats à long terme. Un petit sacrifice quotidien construit jour après jour l'exploit final.

11. Une habitude à la fois. Ne vous attaquez pas à plusieurs changements à la fois. Conditionner un changement d'habitude avec succès est plus utile qu'abandonner une demi-douzaine de changements après un mois.

12. Apprenez de vos erreurs. Ce point-là est plutôt évident, mais il est surprenant de constater combien de personnes, lorsqu'elles échouent à réaliser un changement, reviennent à l'utilisation exacte de la même stratégie. Découvrez pourquoi vous avez échoué auparavant et n'accusez pas trop rapidement votre volonté.

13. Comptez sur la persévérance. Une habitude qui est réalisée de la même manière, au même moment et dans les mêmes conditions chaque jour pendant un mois sera beaucoup plus renforcée qu'une habitude changeant au fur et à mesure de la semaine. Soyez ferme et vous passerez moins de temps à renforcer votre nouvelle habitude.

14. Créez une (petite) liste d'habitudes. Lorsque j'ai commencé à changer mes habitudes, j'ai constitué une liste de tous les changements que je voulais réaliser. Chaque mois, je choisissais un changement et je me concentrais dessus jusqu'à ce que je puisse le rayer de la liste. Cette méthode peut focaliser votre enthousiasme pour ne pas partir à tort et à travers.

15. Obtenez de l'aide. Il a été prouvé sans l'ombre d'un doute que l'assistance sociale est l'unique et plus grand outil de réussite dans la réalisation de N'IMPORTE QUEL changement. Vous entourer de personnes ayant le même état d'esprit que vous, des modèles positifs ainsi qu'une famille et des amis vous soutenant assurera votre réussite. Ne comptez pas uniquement sur vous-même, recrutez une équipe tournée en direction de la réalisation de votre objectif.

Respecter votre résolution

Beaucoup de personnes prennent des résolutions à chaque nouvelle année. Il est alors question de changement et d'amélioration et ceci peut se révéler être une superbe aventure, mais respecter vos résolutions est une autre histoire.

Respecter vos objectifs

Essayer de respecter une résolution du Nouvel An est tout à fait encourageant et joyeux...au début. Mais l'envie de maintenir l'effort requis a tendance à s'atténuer, souvent après quelques jours, une fois que le mois de janvier a commencé. Avec le travail, l'école, la famille et les amis, il peut être difficile de conserver la concentration requise pour mener une résolution à son terme. Il existe pourtant des manières de rester sur les rails lorsque vous travaillez en direction de vos objectifs.

Se rappeler constamment qu'une résolution est en cours est une clé pour rester focalisé sur la cible. Vous passez du temps à définir votre objectif, donc il serait injuste de laisser passer l'année avec l'excuse que vous avez juste oublié. Prenez un calendrier et un stylo feutre. Écrivez, en caractères gras, au début de chaque semaine, quelque chose qui vous rappellera votre résolution.

Trouvez quelque chose que vous regardez chaque jour, comme le miroir ou le téléphone portable. Placez un post-it sur le miroir et réglez des alarmes de téléphone pour une certaine partie de la journée.

Je vous rappelle aussi qu'il est inutile de vous fixer des objectifs irréalisables : vous ne ferez que perdre du temps et la déception sera au rendez-vous. Si votre objectif est de maigrir au cours de l'année, ayez un chiffre raisonnable à l'esprit plutôt que le demi-quintal. Vous avez besoin d'une résolution qui ne sera que légèrement intimidante, et que vous savez pouvoir être accomplie avec seulement une bonne dose de travail.

Vous ne pouvez pas sauter tout en haut des marches quand vous êtes en bas. Vous devez prendre l'escalier marche par marche. Définissez des objectifs plus réduits, peut-être au cours de la semaine, qui vous aideront à garder trace de vos progrès. Faire ceci vous libère du stress et du fardeau d'essayer d'atteindre l'énorme objectif avant la fin de l'année. Plus d'objectifs réduits et personnels stimuleront votre confiance.

Accomplir ce que vous avez prévu d'accomplir, même si c'est quelque chose de petit, est une raison de célébrer une petite victoire. Tout l'intérêt de prendre des résolutions consiste à faire de vous quelqu'un de meilleur, qui se sent mieux dans sa peau. Vos résolutions peuvent être difficiles, mais les petites étapes qui les composent, une fois atteintes, sont des petites lumières avant la fin du tunnel. Le désespoir peut souvent se faufiler en douce à mesure que le stress de l'année commence à peser de toutes parts, donc ce sera une bonne manière de libérer de la vapeur et de vous revigorer. Chaque étape de votre voyage vous rapproche de votre résolution, donc restez positif.

Quelle que soit la nature de votre résolution du nouvel an, la bataille sera plus mentale que physique. Prenez le temps de préparer votre esprit. Faites que vos amis soient prêts à vous encourager lorsque vous en avez besoin. Soyez ouvert au niveau de vos craintes et de vos sentiments. Les conserver à l'intérieur ne fera que créer des obstacles inutiles. Dès que vous prenez une bonne résolution, décidez de ne pas vous laisser vaincre par la négativité. Dépassez-la et vous serez plus fort de l'autre côté, et votre objectif sera bien plus gratifiant à atteindre.

Vous avez vos objectifs, donc tout ce qui vous reste à faire est de les respecter. Appliquez, au cours de votre périple, ce que vous avez appris et vous pourriez découvrir que vos objectifs évoluent. Ils peuvent changer pour devenir une chose à laquelle vous n'aviez jamais réellement songé auparavant, mais ils changeront votre vie au moment où vous atteignez la fin de l'année. Beaucoup de choses peuvent se passer en un an.

Tenir ses résolutions

Pour conclure

Fondamentalement, respecter vos résolutions du nouvel an est une chose excellente et gratifiante. Cela prouve que vous êtes capables de définir et d'atteindre des objectifs grâce à votre volonté, votre persévérance et votre capacité à croire en vous. Souvent, les résolutions tournent autour d'un changement des mauvaises habitudes avec lesquelles vous avez vécu la majeure partie de votre vie.

Donc, prenez une résolution, définissez des objectifs et respectez-les et vous découvrirez qu'elle peut vraiment changer votre vie. Tout ce dont vous avez besoin est de définir quelques objectifs plus petits, d'obtenir l'encouragement des autres, de mettre par écrit chaque progrès quotidien ou hebdomadaire. Avec un peu de discipline vous serez, sans aucun doute possible, en mesure de réaliser des choses qui vont améliorer votre vie de tous les jours !

Surtout, vous verrez petit à petit que finalement, avec un peu d'organisation, nous sommes tous capables de faire des petites choses qui contribuent à atteindre des objectifs nettement plus conséquents.

Alors, pourquoi ne pas commencer à écrire dès maintenant vos objectifs ?

www.ingramcontent.com/pod-product-compliance
Lightning Source LLC
Chambersburg PA
CBHW040254220526
45473CB00001B/475